동지 팥죽

전 영 모 제4시조집

전영모 제4시조집

동지 팥죽

초판 1쇄 인쇄 | 2023년 3월 10일
초판 1쇄 발행 | 2023년 3월 15일

지은이 | 전영모
발행인 | 윤영희

펴낸곳 | 도서출판 동행
출판등록 | 제2-4991호

주소 | 서울시 중구 을지로 14길 16-11(2층)
전화 | (02) 2285-2734, 2285-0711
팩스 | (02) 338-2722
이메일 | gonggamsa@hanmail.net

ⓒ 2023. 전영모, Printed in Korea

값 10,000원

ISBN 979-11-5988-031-5   03810

* 저자와의 상의하에 인지는 생략합니다.
* 파본 및 잘못된 책은 서점에서 교환해 드립니다.

동지 팥죽

전 영 모 제4시조집

동행

저자의 말

제3시조집을 발행한 지 3년 그간 심혈을 기울여 작성한 시조 몇 편을 제4시조집으로 엮어봅니다.

허무한 것이 인생이라 했던가요?
근간 많은 후학들을 배출한 문학계의 원로 몇 분이 하나님 곁으로 소천하셨습니다.

늦은 나이에 문단의 길로 들어선 지 어언 13여년, 그간 시집 10회, 시조집 3회, 시선집 2회와 가곡작시 몇 편 또한 각종 문인단체 활동과 종합지에 여러 편의 시를 기고했습니다.

월남전 참전에서 얻은 고엽제로 많은 병마와 싸워왔습니다. 그럴 때마다 산행과 글쓰기로 극복하며 최선을 다해 살았습니다. 이제 여덟 번의 강산을 넘으니 체력과 관찰력이 쇠퇴해집니다. 하나하나 정리해야 할 때가 도래되는 것 같습니다.

그간 이끌어 주시고 돌봐주신 선후배님들과 동료 시인님들께 늘 감사한 마음으로 살고 있습니다.
제4시조집 「동지팥죽」을 펴내주신 동행에 감사합니다.

2023년 春三月
孤松 **전 영 모**

CONTENTS

■ 저자의 말 · 5

제1부

孤松	12
부모란	13
환호	14
동백꽃	15
봄	16
우수雨水	17
개구리의 욕망	18
오월의 정경	19
간월암 사철나무	20
길	21
인생사	22
인생 1	23
인생 2	24
시간을 아껴라	25
낙조 인생	26
성상星霜	27
임종	28
혼자 사는 연습	29
정월 대보름	30

CONTENTS

제2부

향수鄕愁	32
짧은 봄	33
보릿고개	34
나들이	35
라일락꽃 핀 공원	36
벚꽃	37
붉게 타는 사랑	38
커피 한 잔	39
산사에 머무는 동안	40
가뭄	41
소리 내어 울어라	42
유월은	43
질경이	44
찻잔에 꽃물 들다	45
할미꽃	46
여로旅路	47
연인 생각	48
청계천의 봄	49
장마철 학교에 가려면	50
가을 소식 전하려 했더니	51
산에 가면	52
고철	53

CONTENTS

제3부

올 것 같지 않던 가을	56
가을의 전령	57
가을은 사랑의 계절	58
가을 타는 詩魂	59
풍경	60
김장하기	61
가을 연민	62
가을밤에 뜨는 달	63
가을비 1	64
가을비 2	65
시냇물에 발 담그니	66
휴양지	67
그리움만 더해 가네	68
대추	69
불면不眠	70
소래포구	71
송다에게	72
장마가 끝나니	73
안타까운 심정	74
맥주병	75
늦은 가을	76

CONTENTS

제4부

겨울의 고독	78
겨울 바다	79
갑과 을	80
정상에 올랐으니	81
때가 되면	82
낙엽 같은 인생	83
노을	84
은행나무	85
마지막 잎새	86
단풍에게	87
동지 팥죽	88
세월의 흔적	89
장승	90
환경	91
울고 싶을 때	92
낮달	93
꿈속에서	94
사랑만은	95
세월 따라 살고지고	96
양계장에서	97

CONTENTS

제5부

태안반도	100
백화산에서	101
누가 묻는다면	102
등대	103
구두	104
마음의 벽	105
마음이 울적할 땐	106
무엇이든	107
선술집에서	108
술독에 빠지다	109
약속	110
지조	111
미련 없이	112
역사 歷史를 보니	113
허물을 숨기려 하지만	114
현충일에	115
짐 되는 삶	116
좋아하지 마라	117
용산시대에 바란다	118
하늘 그리고 바람	119

제1부

孤松
부모란
환호
동백꽃
봄
우수雨水
개구리의 욕망
오월의 정경
간월암 사철나무
길
인생사
인생 1
인생 2
시간을 아껴라
낙조인생
성상星霜
임종
혼자 사는 연습
정월 대보름

孤松

비바람 북풍한설 잘 견디며 살았습니다

팔순이 넘었지만 마음만은 청춘입니다

역경이 닥칠지라도
굴屈하지 않으렵니다

부모란

흰 눈 내린 동구 밖 서성이는 한 노인
자식들이 설 명절에 오지를 안 했는지
지나는 차들을 보며 헛기침만 연거푸

허리 굽은 어머니는 며칠 동안 준비한 음식
차례상 펼쳐놓고 음식을 올리면서
내뱉는 긴 한숨 소리 동구 밖까지 들리네

환호

아내가 지난해 받아 두었던 꽃씨를

옥상에 있는 화분에 심어놓고 기다리니

서둘러 눈트는 소리에 아내의 즐거운 환호

동백꽃

사랑을 하려거든 너 정도는 해야지
정조를 지키려 절벽에서 뛰어내리는
용기의 전설 속 여인
목숨 하나 던질 줄 아는

사랑을 하려거든 너 정도는 해야지
살아서도 붉게 피고 죽어도 붉게 죽는
겨울 속 꽃망울 터뜨리는
일편단심 너의 사랑

봄

4월 하순 연초록 잎 솟아오른 숲속에서
이른 아침 새들의 합창 소리 들리니
왕벚꽃 만개한 산야 상춘객 몰려드네

살랑살랑 파도처럼 일렁이는 보리밭
봄날의 따슨 햇살에 미소 짓는 농부들
밤하늘 별들이 취한 듯, 우듬지 사이로 반짝이네

우수雨水

북한강 얼음 녹아 줄기차게 흐르니
산야에 잠들었던 수목들 깨어나
생명의 펌프질 소리 곳곳에서 들리고

봄바람 살랑살랑 아지랑이 자욱하니
동토를 밀어 올리는 무서운 봄의 활력
움츠린 가슴 활짝 펴 동장군 물리치고

물오른 나뭇가지 실눈 뜨고 세상 구경
집집마다 연례행사 장醬담기 한창일세
농사철 앞둔 농부들 바라느니 풍년기원

개구리의 욕망

돌 위에 올라앉은 빛나는 저 눈동자
발가락 움칠대며 눈동자 뱅글뱅글
개구리 야망 좀 보소
잔머리 궁굴리는

얼마만큼 언제 뛸까 거리를 재어보며
궁리 끝에 결심한 듯
날렵하게 뛰어본다
현명한 판단이었는지
먹이 잡는 개구리

오월의 정경

오월의 눈부신 햇살 부서지는 들녘에
초록 물결 넘실대는 싱그러운 떨림이여
잘 익은 보리밭 이랑 장끼의 울음소리

파란 하늘 흰 구름 머무른 실개천엔
송어와 잉어 무리 힘차게 물 가르고
들바람 파란 갈대의 정겨운 노랫가락

꿈과 사랑 넘치는 연인의 공원에서
따스한 햇빛 아래 서성이는 한 사람
한 송이 빨간 장미는 누구를 주려함인가

간월암 사철나무

홀로 우뚝 솟아오른 외로운 사철나무
바다 새 쉼터요, 간월암 수호수일세
뿌리는 바다 깊숙이
암자를 감싸주고

늘어진 가지들은 암자 지붕 감싸주고
이파리는 법당의 목탁 소리 먹으며
청정한 공기 만드는
불자들 건강 지킴이

길

얼굴 한번 보지 않고 새사람 찾아오던 길
인생길 사랑 하나 꿈인 듯 그려보며
임 찾아 멀고 먼 타향에
꽃가마 타고 왔지만

몇 십 년 세월 흘러 짊어진 짐 내려놓고
살구꽃 하늘하늘 봄바람에 지던 날
이승을 하직하는 길
꽃상여 타고 훨훨 떠나네

인생사

바람에 구름 가듯 흘러가는 나그네
할 수 없이 왔다가는 오기로 살아온
인생사 누가 뭐라 해도
나의 갈 길 가련다

아무리 숨이 차도 들숨 날숨 몰아쉬며
청산의 생기 받아 즐겁고 행복하게
누군가 갈 길 막아도
포기란 없다 나에겐

흐르는 세월 따라 왔다가는 인생 여정
버둥대며 안 가려 해도 애달프고 아련한 길
종착역 찾아가는 뒤안길
해 저문 노을 길

인생 1

삶이란 문틈으로 백마가 달리는 모습
고운 마음 꽃이 되고 좋은 말은 복일지니
소중타 소중타 해도 내가 제일 소중하다

나에게 주어진 하루 소중하고 행복한 시간
빛과 소금이 되는 하루가 되길 빌며
걱정은 바람에 날리고
잡념은 구름이 걷어가길

걸어가든 뛰어가든 종착지는 하나이니
힘들면 쉬어가고 지치거든 천천히 가지
뭘 그리 급하게 뛰는가
삶을 즐기며 살아가세

인생 2

젊음을 유지하기란 매우 고통스러운 일
애태우던 가슴에 붉은 멍이 들어간다
갈바람 소슬하게 부니
육신이 움츠려든다

세월 따라 가다보니 육신이 사위어 가고
마음은 이팔청춘, 몸과 마음 따로 노니네
그래도 살 익은 지금이
제일 멋있지 않은가

삼베옷 갈아입기 전 온 세상을 무대 삼아
한판 벌린 춤사위 미련 없이 불태우자
삭풍이 불어 닥치는
겨울이 오기 전에

시간을 아껴라

시간의 잔고는 어느 누구도 알 수 없다
쇠털 같이 많은 날 어쩌고저쩌고 하는 말
귀중한 시간에 대한
모욕이요 망언이다

시간은 오는 것이 아니라 가는 것
한번 지나가면 되돌릴 수 없는 것
잠자는 시간은 휴식이니
죽은 시간이라 망각 말라

자다가 깨어나면 다시 잠들려 하지 말고
깨어 있는 그 상태를 값있게 활용해라
인생이 그만큼 많은 삶을
누릴 수 있는 시간이다

누구에게나 긴 잠의 시간이 주어질 때
검은 의식 치루면서 고이 잠들라 빌겠지
그러니 깨어 있는 시간
값있고 즐겁게 살자

낙조 인생

구름도 흘러가고 강물도 흘러가고
시간도 흘러가고 마음도 흘러가고
모두가 흘러가는 것뿐
얼마나 감사한가

아픈 일도 힘든 일도 슬픈 일도 흘러가고
망각의 세월 속에 살아가는 인생이여
세월이 흐르는 것은
아쉽지만 고마운 일

그러나 어찌하랴! 인생이란 다 그런 걸
해질녘 강물에 비친 노을에 젖어드니
인생이 뭔지 알만하니 어느덧 낙조일세

성상 星霜

정월 대보름 지나면 바빠지는 농부 손길
논밭 갈고 씨앗 뿌려 풍년을 꿈꾸면서
눈물로 지샌 보릿고개
잊고 또 잊으려 하네

한여름 땡볕 더위와 싸우며 키운 농작물
장마 폭우에 한시름 애태우는 농부 마음
처서와 백로 지나서야
사라지는 깊은 한숨

누렇게 물들어 가는 황금들녘 바라보며
황금알 품에 안은 듯 천하를 모두 얻은 듯
곳간에 쌓일 오곡백과
보기만 해도 배부르다

사계절 몇 십 성상 계절은 돌고 돌아
입동 지난 들녘에 서릿발이 내리고
인간도 세월 앞에서는
서릿발만 돋는구나

임종

생의 마지막 가는 길이 무념무상하리
세상에 무엇을 남기고 떠나는지
생각할 시간의 여유도 주어지지 않는다

가족에게 무슨 말을 하려고 애쓰며
사지를 허우적대며 말문을 열려하지만
흐릿한 눈만 껌벅이니 안타깝다! 인생사

사랑하는 가족의 이름 하나 못 부르고
움켜쥐었던 손이 부르르 떨며 펴지고
빈 손은 허공을 향해 내젓다 늘어진다

가족에게 해야할 말 생전에 준비해 두면
떠나는 마음이 편하리라, 허둥대지 않고
가족도 차분한 마음으로 임종을 지켜주리

혼자 사는 연습

덧없는 세월 가고 한 사람 떠난 뒤에

외로움과 고독이 밀물처럼 닥칠테니

언제든 혼자란 생각 다짐하며 살아야 하리

정월 대보름

어둠이 깨일까 깊은 밤도 숨 사리고
처마 속에 둥지 튼 새들도 잠든 시간
감나무 가지 흔들던 바람도 사위는데

닭 울 시간 멀었고 어스름도 짙은 새벽
와자작 깨무는 소리 호두 땅콩 박살나고
예명에 귀밝이술 한 잔 오곡밥에 산채나물

제2부

향수鄕愁
짧은 봄
보릿고개
나들이
라일락꽃 핀 공원
벚꽃
붉게 타는 사랑
커피 한 잔
산사에 머무는 동안
가뭄
소리 내어 울어라
유월은
질경이
찻잔에 꽃물 들다
할미꽃
여로旅路
연인 생각
청계천의 봄
장마철 학교에 가려면
가을 소식 전하려했더니
산에 가면
고철

향수鄕愁

고단한 해거름에 저녁놀 이지러지고
짝 잃은 산비둘기 꾸룩꾸룩 울어대면
달 보고 신들린 듯이 짖어대던 멍멍이

소쩍새의 울음이 메아리치는 산울림
하늘엔 성근별 잠들은 삼경三更에
명 다한 유성 하나가 꼬리 물고 사라진다

장닭의 울음소리에 새벽을 가늠하고
까치 우짖는 아침 정겨운 모습 그려
밥상에 차려진 음식 게 눈 감추듯 사라졌지

짧은 봄

춘풍에 돛 올리고 찾아온 짧은 봄

삼사월 꽃 피고 벌 나비 찾아들더니

상춘객 나는 몰라라
훠이훠이 떠나는 봄

보릿고개

사오십 년대 봄이면 굶주림을 면키 어려워

쑥개떡과 산나물로 끼니를 때웠었다

가난을 면키 어려웠던 보릿고개 그 시절

나들이

봇집을 챙겨 지고 즐거운 마음으로
고향에 가려고 터미널에 도착했더니
설 연휴 끝난 뒤라서 한적한 대합실

고속도로 달리는 시외버스 차창으로
보이는 휑한 들녘 내 마음도 썰렁하다
산야는 그대로인데 고향은 낯설구나

라일락꽃 핀 공원

차가운 곡우 비에 산수유 홍매화
진달래 이화꽃이 손 흔들며 떠나니
철쭉꽃 영산홍꽃이
날 보라 손짓하네

라일락꽃 짙은 향기 번지는 공원길을
고독을 불사르며 걷고 있는 저 여인
연인과 손잡고 거닐던
추억을 회상하는 듯

궂은비 내리는 오후 우산 속 저 여인
눈은 먼 곳 바라보며 쓸쓸히 걷고 있네
라일락 짙은 향기를
폐부 깊이 담으며

벚꽃

수줍은 듯
꽃봉오리
살포시 피어오를 때

열여덟
처녀처럼
아름다워 보였건만

만개해
헤벌어지니
세상맛 다 본 여인 같구나

붉게 타는 사랑

꽃 속에 네가 있어 보고 싶어 달려가면

꽃향기보다 황홀한 너의 체취에 빠져들어

사랑은 붉게 타 오른다
공허한 사랑이여

커피 한 잔

낙엽이 떨어지는 옥상 들마루에서

뜨거운 김 모락모락
피어나는 커피 한 잔

뉘라서 마다하리오
그대와 함께라면

산사에 머무는 동안

스님의 목탁 소리 염불 소리 들어야 하고
예불에 참여하지 않을 수 없는 일이거늘
산사에 머무는 동안 내 것이란 하나 없다

산책길 걸으면서 쌓인 미련 털어내니
하루해 뉘엿뉘엿 서산마루 넘으면서
이제는 산사에 들어 공양이나 드리라 하네

가뭄

곡우절기 지나면서 시작된 가뭄이

입하 지나 아카시꽃
찔레꽃 피고 질 때까지

기온이 초여름 같이
지속되는 봄 가뭄

소리 내어 울어라
  ─2022.3.13.(울진지역 산불)

메마른 대지에 산불 피운 하느님
역병에 시달려 생업이 힘들었는데
화마에 삶의 터전 잃어
허탈감에 탄식하네

생업이 힘들어도 화마현장 전사에게
먹고 해라 쉬어가라 넘치는 인정들
까맣게 그을린 얼굴에
웃음꽃 피어나네

모여드는 작은 손길 실낱 같은 작은 희망
미안한지 눈물을 흘리시는 하느님
눈물이 바다가 되도록
소리 내어 울어다오

유월은

연초록빛 물결 이는
신록의 계절이라

싱그럽게 뿜어내는
환희의 피톤치드 향

나뭇잎 사이로 반짝이는
한낮 햇살의 환상

질경이

그의 삶 그의 길 짓밟힘의 길바닥수행
다듬어져 미워하지 않는 마음 씀씀이
무엇도 탓하지 않는 곱디고운 마음결

보이지 않게 버텨 이겨내는 슬기로움
벌레와 싸우지 아니하고 함께하는 삶
믿음성 그대 몸 안에 빼곡히 배어 있네

길바닥수행 거기에 살아있는 참 진리
오순도순 훈훈하게 버텨 사는 참살이
견뎌냄, 참아냄과 믿음 그대에게 배우네

마음결 씻어내는 질경이의 믿음성
길가에 이웃사촌들 듬성듬성 나앉아
땡볕에 수행하는 모습 웅숭 깊네 웅숭 깊어.

찻잔에 꽃물 들다

홍매화 그늘 아래서
차 한 잔 마시려는데

꽃잎 하나 바람에 날려
찻잔 속으로 떨어져

빨갛게
꽃물 드려놓고
다 주었다 빈손 턴다

할미꽃

어릴 적 뛰어놀던
뒷동산은 그대로인데

다소곳이 고개 숙인
한 떨기 할미꽃은

누구를 찾아갔는지
족적조차 없구나

여로旅路

지난 추억 아롱아롱
매듭풀기 어렵구나

비몽사몽 꿈길이었다
시작과 끝 알 수 없는

머릿속 희미한 추억
흐른 세월 여정의 길

연인 생각

푸른 하늘 흰 조각배 파도 소리 싣고서
어디로 떠났는지, 신비로운 조화로다
헛한 맘 달랠 길 없으니
퐁당 빠져볼까, 저 바다에

애틋하게 피어나는 가을의 우리 사랑
하늘하늘 걸어가는 구름의 연인이여
가슴에 추억 한 가락
바람결에 실려오네

자작자작 타오르는 가을의 붉은 추억
애처롭게 바라보는 노을의 연인이여
꽃단풍 가을 나그네
노을빛에 젖어드네

청계천의 봄

버들강아지 송골송골
눈부시다 봄 햇살

저잣거리 구경나왔네
청둥오리 부부가

수오리 자맥질하여
특식한다. 미꾸라지로

장마철 학교에 가려면

학교가 삼백여 미터 눈앞에 보이지만

장마철엔 하천이 넘쳐 건너지 못하고

몇 개의 산을 넘고 넘어
도착하면 배에서 꼬르륵

가을 소식 전하려 했더니

하늘이 드높아서 가을인가 하여라

친구에게 오랜만에 가을 소식 전하려 했더니

그 친구 하늘여행 떠난 지 두어 달 되었다네

산에 가면

산이란 돈 없어도 언제든지 갈 수 있고

자연과 함께하며 산새 소리 벗삼아

바위에 정좌하고 앉아 선인이 되어 본다

고철

내 이름은 고철입니다, 한 번도 바꾼 적 없는
무엇이든 강함이 좋다 믿어줄 때 좋았는데
그래도 고철이라는 제 이름도 좋습니다

강철처럼 단단한 내 몸은 여전합니다
때로는 구부러져 당황할 때도 있지만
굽어진 제 허리 일으켜 다시 쓸 때 고마웠지

고철이란 이름을 감추려 분칠하지만
얼굴에 덧칠한 분 벗겨지면 사용 못할
이제는 당신 눈 벗어난 녹 꽃핀 고철이라오

제3부

올 것 같지 않던 가을
가을의 전령
가을은 사랑의 계절
가을 타는 詩魂
풍경
김장하기
가을 연민
가을밤에 뜨는 달
가을비 1
가을비 2
시냇물에 발 담그니
휴양지
그리움만 더해 가네
대추
불면不眠
소래포구
송다에게
장마가 끝나니
안타까운 심정
맥주병
늦은 가을

올 것 같지 않던 가을

끝날 것 같지 않던 무더위 물러가고
창문을 닫게 하는 선선한 새벽바람
다시는 없을 줄 알았던 가을을 실어 왔네

상큼하게 높아진 파란 하늘 뭉게구름
애절하게 들려오는 매미 노래 여운 속에
가을의 전령 귀뚜리 벗삼아 돌아왔네

길가에 차례 없이 어우러진 풀잎 위에
내려앉은 새벽이슬 작디작은 방울 속에
어젯밤 소리 소문 없이 가을이 담겨 왔네

가을의 전령

말복 무렵 선선한 바람이 불어오면

어김없이 나타나 허공을 비행하다

힘들면 빈 나뭇가지에

내려앉아 쉬고 있지

가을은 사랑의 계절

태양은 하루의 소임을 다하고서
아쉬운 미련만을 남기고 떠나는 듯
낙조의 붉은 빛으로 바다에 물들이네

여름날의 푸르던 나뭇잎도 가을되니
남은 열정 모두 쏟아 매달려 버티지만
계절을 붙잡지 못하고 붉은 빛으로 변해 가네

가을은 오래도록 발효시킨 와인 맛
울긋불긋 변하는 매혹적인 단풍의 계절
사람도 황혼 빛 물들며 격조 높은 사랑의 계절

가을 타는 詩魂

또 한해의 낭만을 빨간 눈물로 저려
손사래 치며 떠나는 애절한 이별의 계절
아련히 보고픈 모습 맴도는 빈자리라

그립고 아쉬움에 허전한 가슴만이
터질 것 같은 정감 불면의 밤 지새우고
알알이 여물어 가는 가을 타는 詩魂이여

풍 경

구수한 밤 다 털리어 빈 가지만 남았고
감나무 가지마다 가을이 주렁주렁
밭두렁 호박 넝쿨에는
누렇게 익은 호박 한 덩이

돌담 넘어 안뜰엔 국화꽃 만발했고
열여덟쯤 처녀의 삼단 같은 긴 머리
잉딩이 위까지 치렁치렁
가슴은 터질 듯

시집갈 때 다된 듯 무르익은 시골처녀
분홍빛 짧은 치마 느슨하게 입었으니
소나무 숲속 향기에
정신이 몽롱해지고

김장하기

마늘을 한 톨 한 톨 쪼개어 껍질 벗겨
깨끗한 물로 씻어 마른 후 곱게 갈고
고추를 배 갈라 씨 빼고 방앗간에서 빻아온다

수산물 시장에서 새우젓과 굴을 사고
사과 몇 개 깨끗이 씻어 조각조각 썰어 놓고
갓 몇 단 쪽파와 대파 잘게 썰어 준비한다

배추는 다듬어서 소금 얹어 절이고
무를 잘게 채 썰어 양념과 버무려서
절여진 배추에 소 넣어 김장을 마무리한다

가을 연민

하늘 길에 곡선으로 줄지은 철새 행렬
공존만이 생존임을 아는 그들의 날갯짓
무심히 오가는 세월에도
변함없는 그들 행렬

철새 떠난 강가에 퇴색되어 가는 갈대
찬이슬 내리고 무심한 바람에도
세월의 넋을 달래는
춤사위 춤사위여

청명한 가을하늘 허상을 채색하는데
뭉게구름 달빛 아래 새소리 회상하며
계절에 퇴색되어 가는
갈밭에 서성이네

가을밤에 뜨는 달

야위면 야윈 대로 풍만하면 풍만한 대로
밤낮으로 떠 있는 부드러운 너의 자태
은하수 머리에 두르고 면사포 둘러쓴 여인

긴 목에 걸고 있는 진주목걸이 영롱하다
사막에도 바다에도 고향의 산하에도
세상을 밝은 빛으로 감싸는 하늘의 진주

단풍잎에 걸터앉은 가을밤에 뜨는 달
어머니 얼굴 되어 흩어진 자식 그리듯
그 모습 웃는 듯 우는 듯 비추고 있구나

가을비 1

한해살이 보랏빛 힘겨운 삶 마감하고
너도 나도 떠나가는 만추의 계절에
이별의 가을비에 젖은
낙엽만 흩날리고

모정의 사무친 사연 그리움 스멀스멀
촉촉이 비에 젖은 은행잎에 몇 자 적어
구름에 띄워 보내리라
그대는 편안하신지

가을비 2

으스스한 갈바람 비올 듯 흐린 하늘
어두운 골목길에 찬바람만 맴도는데
밤마다 서성이던 밤손님
기다려도 오질 않고

가을비만 단풍에 후드득 내리는 소리
늙고 병든 이 가슴 뼛속까지 울리고
저승에 계신 어머님
가을비에 춥지는 않으신지

시냇물에 발 담그니

모난 돌 포개고 몽돌 건져 성 쌓으니
사이로 흐르는 물 괴롭다 목청 높이고
물 위의 소금쟁이는
모르는 척 고개 돌리네

물방개 기지개 켜면서 솟아오르고
피라미 송사리 떼 모여들어 인사 나누고
발가락 사이 넘나들며
각질을 벗겨간다

휴양지

휴양림 속 들어가
산림욕이나 즐겨볼까

바닷가 백사장에 누워
소라의 꿈 들어볼까

무더운 여름 휴양지로
최적지인 태안반도

그리움만 더해 가네

성글은 숲 사이로 불던 바람 멈추니
거닐던 걸음 멈추고 하늘을 바라보며
지나간 이야기들을
주워 모아 엮어본다

오래된 추억들을 한번 더 기억하고파
흘러간 시간들을 되돌려 감아보지만
바람이 멈춘 그곳엔
희뿌연 임의 그림자뿐

아직도 그 숲 사이 서성이는 초라한 모습
햇빛이 나뭇가지에 걸터앉아 훔쳐본다
아련한 추억만 스멀스멀
그리움만 더해 가네

대추

너와 함께 하늘 아래 같은 장소 한 나무에서
해를 먹고 달을 보며 이슬도 마셨는데
양지쪽 저 친구들은 울긋불긋 익었네

음지에 가려 있는 나는 아직 파릇파릇
따뜻한 마음으로 감싸주고 동행하며
삼정승 육판서 거느린 위엄 있는 모습으로

부러워하지 않고 서두르지 않으며
따스한 가을 햇살에 통통하게 살찌워
서릿발 내리기 전에 왕답게 성숙하리라

불면不眠

상달* 열닷새 날
잠 못 이루고 뒤척이는데

휘영청 밝은 달이
서녘의 창문을 넘어

방안을 기웃거리며
미련에서 벗이나라 한다

　*음력 시월

소래포구

새벽마다 어둠 뚫는 뱃고동 소리 울리고
만선의 꿈을 안은 고깃배들 먼 바다로
골 깊은 소래포구는 옛 모습 그대로이고

생선가게 상인들의 변함없는 호객행위
상가 찾은 고객들과 사이좋게 어울리고
갈매기 빈 뱃전에 앉아 먹이 찾아 기웃기웃

허름한 옷차림의 실직자들 몇 사람
넙치 한 마리 회 뜨고 소주 한 병 사들고
상가 옆 공터에 앉아 기울인다. 시름의 술잔

송다*에게

네가 와서 복더위
한 풀 꺾여 고맙다

너 가고나면 찌는 듯한
더위가 기승부리겠지

그때는 황금들녘을
꿈꾸며 이겨내야지

* 2022년 5호 태풍

장마가 끝나니

하늘이 캄캄하여 한 치 앞도 볼 수 없고
멈출 기미 보이지 않는 내려치는 번개 속
창문을 들썩이는 우레
희망의 함성 들리네

긴 장마 지나가고 어둠이 걷히면서
드높은 하늘에서 희망의 빛 보았네
뿌리는 깊게 내리고
열매는 주렁주렁

안타까운 심정

가시 돋친 넝쿨장미 무럭무럭 자라더니
어느 틈에 붉은 얼굴 담장을 넘겨보며
그리운 임 기다리지만
복더위에 장맛비만

담장 안 능소화 발돋움하고 임 기다리며
수줍은 듯 골목길을 이리저리 살피지만
기다린 임은 아니 오고
장맛비에 속절없구나

가시 돋친 넝쿨장미 여리한 능소화
피고 지는 시기와 꽃빛깔이 달라도
두 꽃의 애절한 사랑은
수백 년 변함 없네

맥주병

초등학교 등하굣길 소하천을 건너야 했다
여름에는 하굣길에 수영하며 물장구놀이
언젠가 물놀이하다 죽을 고비 넘겼다

삼면이 바다인 반도에 살았어도
죽을 고비 넘긴 후 물이라면 겁이 앞서
수영을 배우지 않아 아직도 맥주병

늦은 가을

우중충한 하늘 빛 비온 뒤 비친 햇살
감나무에 까치밥 몇 알 더욱 붉게 보이니
까치 떼 무리지어 날아와
선점하려 다툰다

서산에 붉은 해는 뉘엿뉘엿 지는데
낙엽 따라 가셨나 노을 따라 가셨나
사랑도 세월 따라서
물과 같이 흘러가네

제4부

겨울의 고독
겨울바다
갑과 을
정상에 올랐으니
때가 되면
낙엽 같은 인생
노을
은행나무
마지막 잎새
단풍에게
동지 팥죽
세월의 흔적
장승
환경
울고 싶을 때
낮달
꿈속에서
사랑만은
세월 따라 살고지고
양계장에서

겨울의 고독

앙상한 나뭇가지에
흰 서릿발 내리고

초가 지붕 처마에
고드름만 맺히는데

가거라
청산이 그립다
임 소식 아련하다

겨울 바다

가슴까지 파고드는 매서운 칼바람에
외로운 마음속 오장육부 움츠러들어도
아무도 돌아보지 않아 홀로이 사색한다

태양이 세상을 태우려 작열할 때
몰려든 인파에 몸살하고 욱신거렸지
그래도 그때가 좋았는데 빈 가슴 머쓱하다

나름의 위안이 됨은 붉은 옷의 등대가
빛나는 안광으로 밤마다 눈맞춤 해주니
아직도 숨구멍마다 살아 있음을 실감한다

갑과 을

나무의 갑질에 을인 잎은 푸름 잃고
울긋불긋 물들어 떨어질까 발버둥
낙엽은 진갈색 되어
산야에 나뒹굴고

바람에 이리저리 정처 없이 흩날리며
산책객의 발길에 부서져 가루되어도
낙엽의 가슴속에는
푸름이 가득하리

나무는 살기 위해 봄이면 잎 피우고
겨울에 살기 위해 잎을 버린다, 가차 없이
인간과 다를 바 없는
나무의 삶의 방식

정상에 올랐으니

오르는 길 굽이굽이 역경도 많았지만

높고 낮은 계곡 지나 정상에 올랐으니

이제는 종착역 향해
내려가야 할 인생

때가 되면

계절 따라 피는 꽃도 때 맞춰 피고지고

나뭇잎도 가을이면 단풍들어 떨어지듯

사람도 갈 때가 되면 떠나야 하느니라

낙엽 같은 인생

강산에 오색의 아름다운 단풍들
어여쁜 수채화 갈바람에 낙엽되어
소설에 하늬바람 부니 떠나야 할 가을이지

앙상한 가지 끝에 겨우 한 잎 매달려
떨어지지 않으려 윙윙대며 울어대지만
칼바람 이기지 못해 손을 놓고 떠나가지

세월의 바퀴가 이렇게 돌고 돌 듯
우리의 삶에도 청춘은 한순간뿐이네
가슴에 서리 내리면 가을되어 떠나겠지

노을

산이 한쪽 베어 먹고
구름이 한쪽 베어 먹고

남은 홍시 꿀꺽 삼킨
욕심쟁이 하늘이

배 아파 빨갛게 물들다가
수평선으로 빠져버리네

은행나무

우리나라 방방곡곡 퍼져 있는 은행나무

여름엔 푸르른 잎 땡볕을 막아주고

가을엔 노란카펫이 바닥을 덮어 놓네

늦은 봄 잘 보이지 않는 꽃 피우고

여름엔 땡볕에 탱글탱글 익어가던 열매

늦가을 노랗게 물든 은행을 선물하네

마지막 잎새

모두가 떠나는데 마지막 잎새 한 잎
힘들었던 고난의 길 이겨낸 삶이었는데
가는 잎 붙들지 않고
외로이 남아 있네

비수로 저민 자국 붉은 선혈 아픔에도
존재의 가치가 돋보이는 희망으로
외롭고 쓸쓸하시만
남아 있는 자부심

단풍에게

마지막 단풍이라고 서러워 하지마라
한 해만 기다리면 또 곱게 물들 테니
이 가을 서글픈 것은 네가 아닌 나이니라

너는 잠시 낙엽으로 머물다 밑거름 되어
또 다른 가을이 오면 더 붉고 화려한
빛 고운 단풍으로 거듭나 아름다움 칭찬받지만

그때쯤 나는 점점 초라하고 작아져
보잘 것 없는 허리 굽은 늙은 모습 보일테니
생각에 가슴 아프다 내 슬픈 마음이여

동지 팥죽

동짓달 기나긴 밤 밤은 깊어 쓸쓸한데
오묘한 세상살이 정답 없는 답을 찾으려
무한히 노력했지만 헛발질만 한 것 같구려

풍진 세파 비바람 눈보라에도 꺾이지 않고
여기까지 온 것이 다행이다 생각하리라
인간의 욕망도 희망도 끝없는 욕심이련가

이십사절기 중 스물두 번째 동지 팥죽 먹는 날
백 년 전에도 있었고 백 년 후에도 올 텐데
동짓날 긴긴밤 동지 팥죽 몇 년 더 먹을 수 있을까

세월의 흔적

허허로운 들판에 망부석이 된 친구 하나
삐걱대는 무릎 꿇고 누구를 기다리는지
밤에는 이슬을 먹고
낮에는 바람과 노닐고

세월에 사위어 가는 오래된 친구 하나
지친 몸 쉬어가라 소리 없이 붙잡고
사색의 시간을 가져보는
연인 같은 오랜 친구

장승

벌거벗은 알몸으로 차가운 바람 맞으며
묵언으로 서 있으며 외로운 수행 중이다
때때로 먼 우주여행
꿈을 꾸고 있는지

가을 끝에 아우성인 새들의 울부짖음
기억은 사라지고 육신이 마비될 때
새로운 이름 하나 얻은
벌거숭이 장승이라

환 경

계곡마다 흘러내린 실낱 같은 젖 줄기
샛강 따라 흐른 물이 크고 작은 못 이루니
만물의 생명수이더라, 없어서는 아니 될

아프리카 아이들이 오염된 물 얻으려
맨발로 몇 십리씩 아이 업고 물통 이고
그마저 겨우 얻은 물 한 끼니용 식수라니

삼림지대는 점점 줄어들어 사막화되고
지구의 온난화로 지하수는 말라가니
중동선 바닷물 끌어들여 정수하여 식수로

주거지 파손되어 가제도구 몽땅 잃고
인명 피해 가축 피해 하루아침 빈털털이
지구의 한 편에서는 물 폭탄 아수라장

울고 싶을 때

살다보면 한번쯤은 울고 싶은 때도 있다
참다 참다 울화 터지면 남김없이 울어라
한번은 꼭 한번쯤은 밤낮으로 한 달 내내

한 방울의 눈물도 남김없이 통곡해라
돌아서서 후회 말고 마음껏 토해내라
그리고 언제 그랬냐는 듯 환하게 웃어라

낮달

한 여자가 뜬금없이
전화한다 한낮에

머뭇거리는 말투로
갈 곳 없는 나그네인 듯

잊혀진 기억 반쪽이
하얗게 떠오르는지

꿈속에서

갈참나무 큰 기둥에
우화중인 매미처럼

들마루에 팔자로 누워
설핏 든 잠 꿈속에서

호접몽 날갯짓 속에
우주를 넘나들고

사랑만은

가진 것 하나 없이 벌거숭이로 태어나
옷 한 벌 얻어 입고 밥 세끼 먹었지만
언제나 내 마음속은 황무지 사막 같다오

어느덧 성인되어 그대 만나 행복했고
허허롭던 마음에 사랑이 가득하지만
떠날 땐 빈손으로 떠난다, 아무것도 안 가지고

하지만, 그대 향한 사랑만은 잊을 수 없어
천상에 오르더라도 가지고 가렵니다
이 몸이 진토 되어도 잊지 않으리 사랑만은

세월 따라 살고지고

세월은 쉬지 않고 빠르게 지나가고
강물은 곳에 따라 쉬었다 흐르는데
인생은 쉼 없이 흘러
초로가 되어가네

혼탁한 이 세상에 밝은 길이 어디인지
세월만 한탄하며 백사장에서 깨알 찾기
홀로이 외로운 마음
달래면서 살아야지

양계장에서

그 집의 수탉은 여명에만 울지 않고
시도 때도 개념 없이 사랑을 나누고선
홰치며 즐거워하고 또 한 차례 꼬끼오 꼭

사랑을 나눈 암탉 아무 일도 없었다는 듯
툭툭 털고 일어나 먹이 찾아 떠나고
저놈의 정력 좀 보소
여탐에 종횡무진

제5부

태안반도
백화산에서
누가 묻는다면
등대
구두
마음의 벽
마음이 울적할 땐
무엇이든
선술집에서
술독에 빠지다
약속
지조
미련 없이
역사歷史를 보니
허물을 숨기려 하지만
현충일에
짐 되는 삶
좋아하지 마라
용산시대에 바란다
하늘 그리고 바람

태안반도

명산 백화산에서 태안반도를 한눈에
쥬라기 박물관과 고남 패총 박물관
서해안 방어 산성인 근흥면 안흥진성

해변마다 고운 모래 푸른빛 끝이 없는
몽산포 천리포 만리포 연포해수욕장
안면도 꽃지해수욕장 인파로 넘쳐나고

백화산 태을암의 국보 307호 마애삼존불상
보살님을 두 스님이 좌우에서 보호하고
그 뜻을 닮아서인지 인심 좋은 군민들

천리포 해안가에 열대수목 만사천여
꽃게랑 새우랑 담백한 밀국낙지
몽산포 앞바다에는 독살과 대살고기잡이

천수만 넓은 갯벌 한 폭의 동양화요
간월도 어리굴젓 조선시대 최고 진상품
원님이 울고 왔다 웃고 갔다는 해상공원 태안반도

백화산*에서

백화산 정상에 올라
사방팔방 둘러보니

서해지역 동학농민
태안으로 밀려오고

간월암 무학대사는
국태민안 빌고 비네

* 태안에 있는 산

누가 묻는다면

한자리 모여 앉아 술 한 잔 나누면서

세상 살기 어떠냐고 어느 누가 묻는다면

어디에 살만한 세상 있느냐고 대답일세

등대

기다림은 내 운명 수평선 바라보며
날마다 깜박거린 눈 피로도 잊은 채
밤이면 길 잃지 마라
눈 부릅떠 불 밝힌다

잔잔한 날 슬프도록 고요가 곁에 눕고
거친 바람 격정의 파도 내 가슴 치며 울면
오늘도 돌아오지 않은
그대를 기다린다

구두

오래오래 신으려고 신발장 한쪽에다

고이고이 보관한 고급스런 구두 한 켤레

신으려 꺼내어 봤더니
표면이 벗겨지네

아끼려고 사용 않고 보관해 두는 물건

유행지나면 고품되어 품위가 떨어진다

구두도 유효기간 지나니
변질되어 폐기했다

마음의 벽

청명한 밤하늘의 별빛을 볼 수 없다

마음에 먹구름이 가득히 덮여 있어

막힌 벽 말끔히 걷어내면
밝은 빛 볼 수 있으려나

마음이 울적할 땐

마음이 울적할 땐 남산에 올라간다

왁자지껄 관광객 웃음소리 들으면서

외롭고 쓸쓸한 마음 한강으로 날린다

세상에 혼자인 듯 적막하고 우울하며

머리가 지근지근 가슴이 답답할 때

마음의 평안을 찾고자 휑하니 남산 한 바퀴

무엇이든

한 포기 풀이거나 나뒹구는 돌덩이도

세상에 모든 것들 함부로 다루지 말라

모두가 생명이 있는 물체라고 생각하라

선술집에서

찌그러진 주전자에 질퍽한 농담 섞어

주모는 양은 잔에 옛이야기 가득 채워

오늘은 취할 때까지

편한 맘으로 즐겨라 하네

술독에 빠지다

보리 밀은 익을수록 고개를 숙인다
수확하여 방아 찧어 누룩 빚어 숙성시켜
누룩을 잘게 빻아서 밥에 섞어 술 빚는다

주태백은 술이 익자 술독에 빠져버린다
한잔하고 한숨 자고 일어나 또 한잔하니
아내는 자식들 보기 미안해 안절부절

이튿날 아침 콩나물 해장국을 끓여준다
남편은 고맙다는 말 한마디 못하고
가족들 눈치 살피며 국물만 후루룩

약속

약속을 하고나면 기다리지 않게 하려

떠날 땐 몸보다도 마음을 앞세워라

약속을 지키는 자만이 친구를 잃지 않는다

지조

청송은 겨울에도
그 푸르름 더하고

국화는 늦가을 되니
그 향기 더욱 짙고

바람이 대나무 숲 지난들
그 장대함 꺾일손가

미련 없이

이만치 살았으니 미련일랑 버리고

세상을 떠나기 전 서둘러 준비하고

마지막 언제일까를 생각하며 살지어다

세상을 사는 것이 이렇게 힘들 줄이야

나라가 그러하니 미련을 모두 버리고

거꾸로 살아가려니 나오느니 긴 한숨

역사歷史를 보니

한 정권에 충성한 출중한 인재들은
시기하는 간신들의 흉계에 걸려들어
재능을 펼치기도 전
축출되거나 숙청되고

새 정권에 충성하던 전 정권의 간신들
또 다른 정적들의 모략에 퇴출당하니
역사는 정욕자들의
바둑판 싸움놀이

허물을 숨기려 하지만

어떠한 이유로든 허물이 많은 사람

그 허물 숨기려고 온갖 쇼를 다하지만

동굴 속 잠자는 박쥐도
모두 알게 될 것이다

현충일에
―2021. 제66회

아픈 가슴 쥐어짜며 소리쳐 외쳐본들

뉘라서 알아줄까 두 갈래 인면수심

앞에선 민주주의 운운
돌아서면 코웃음

짐 되는 삶

장수하는 세월 오니 노인들만 늘어가네

자식에게 의지하며 살아갈 형편이라면

구차한 삶 되지 않도록 생각하며 살지어다

좋아하지 마라

퍼준다고 넙죽넙죽 좋아하며 받아먹고

삶의 질 낮추면서 복종하는 인간들아

그 돈은 나라의 빚이요
후손들의 빚이라오

용산시대에 바란다
—2022년 5월 10일

말도 많던 청와대정치 74년 만에 끝나고
새로운 용산시대 문을 여는 대한민국
윤석열 이십대 대통령, 국기를 바로 잡아

추락하는 국가경제 회복의 길을 찾고
흩어진 국민 민심 대통합 이룩하여
무너진 자유민주주의 이념을 되살렸으면

하늘 그리고 바람

흰 구름 노닐다가 떠나간 청청 하늘
그렁그렁 쏟아내는 제 삶의 이야기들
하늘은 넓은 아량으로 담고 품어 주었지

하얗게 빛바랜 가슴들이 뛰어올라
철새의 울음 같은 울컥한 이야기들
하늘은 따스한 빛으로 풀어준다, 멍울을

갖가지 형상을 한 바람들의 패거리에
붙여진 이름들이 많기도 하지만
언제나 슬픈 아픔만 남겨놓고 떠난다

짠 내음 갯바람 두 얼굴의 고추바람
얄미운 꽃샘바람 봄아씨들 치맛바람
바람은 아쉬움만 남기고 떠나간다, 미련 없이